Mein wunderschöner energetischer Naturgar-ten

wie Du mit Lakhovskis & Schaubergers Lehren deinen Garten in ein Paradies verwandelst

Von derselben Autorin oder demselben Autor

KEINE PANIK ! Der ultimative Survival Guide durch das Midlife Universum

KEINE PANIK !Der ultmative Hitzewelle Surf-ival Guide durch das Menopause Universum

KEINE PANIK ! Der ultimative Survival Guide durch das Chaos Universum der Pubertät

STUPID by the Feed-die gefährliche Macht der sozialen Medien

Die Kunst sich selbst zu leben-vom Mut den eigenen Weg zu gehen

Psychotricks-Manipulation in Beziehungen und im Alltag erkennen und sich davor schützen

Energievampire unsichtbare Feinde der Seele-wie Du deine Lebensenergie zurückeroberst

Mensch 2.0 wie du mit Technologie in Einklang kommst ,ohne dich selbst zu verlieren

Workflow 2.0-effizienter arbeiten,smarter leben

Das kreative Chaos- wie ADHS dein größtes Talent sein kann

Mara von Eichen

Mein wunderschöner energetischer Naturgarten

wie Du mit Lakhovskis & Schaubergers Lehren deinen Garten in ein Paradies verwandelst

Mara von Eichen

Mara von Eichen

Über die Autorin

Mara von Eichen lebt in Südungarn und ist eine vielseitige Künstlerin und Autorin mit einer tiefen Verbindung zur Natur. Ihre Leidenschaft gilt den verborgenen Kräften des Lebens, insbesondere den Prinzipien von **Georges Lakhovski und Viktor Schauberger**, die sie in ihre Arbeit und ihren Alltag integriert.

Mit einem unermüdlichen Forschergeist widmet sie sich der Frage, wie **natürliche Energie, Frequenzen und Wasserbewegungen** die Lebenskraft von Pflanzen und Gärten positiv beeinflussen können.

Dieses Buch ist für alle, die ihren Garten nicht nur bewirtschaften, sondern mit Energie aufladen und im Einklang mit den Kräften der Natur gestalten möchten.

„Die Natur ist die größte Lehrmeisterin. Alles, was wir brauchen, war schon immer da - wir müssen nur lernen, es zu verstehen."

Widmung

Dieses Buch ist Georges Lakhovski und Viktor Schauberger gewidmet, deren außergewöhnliches Wissen und ihre Visionen über die Kräfte der Natur und der Energie meinen Weg inspiriert und meine Arbeit geformt haben. Ihre unermüdliche Hingabe an das Verständnis des Lebens und der natürlichen Rhythmen ermutigt mich, immer tiefer zu forschen und das Wissen zu verbreiten.

.

Inhaltsverzeichnis

Vorwort

Vorwort

In einem Zeitalter, in dem Technologie und Natur scheinbar immer weiter auseinanderdriften, empfinde ich es als wichtig, das tiefere Verständnis für die verborgenen Kräfte der Natur wieder ins Bewusstsein zu rufen. Die Lehren von **Georges Lakhovski** und **Viktor Schauberger** haben mich auf dieser Reise inspiriert – zwei Männer, die tief in die Geheimnisse von Energie, Schwingungen und den natürlichen Kräften eingetaucht sind. Ihre Arbeiten zeigen uns, dass alles im Universum miteinander verbunden ist, dass jede Zelle und jede Pflanze in einem unsichtbaren Austausch mit ihrer Umgebung steht.

Dieses Buch ist meine Einladung, diese Konzepte auf den eigenen Garten und das tägliche Leben anzuwenden – um ihn nicht nur zu pflegen, sondern **mit Energie aufzuladen** und ihn zu einem Ort der Harmonie und Vitalität zu machen.

Es geht nicht nur darum, Wissen zu vermitteln, sondern auch darum, **Verbindung und Achtsamkeit** zu schaffen, die uns ermöglichen, als Teil eines größeren Ganzen zu leben. **Die**

Prinzipien von Lakhovski und Schauberger zeigen uns, dass wir mit der richtigen Ausrichtung nicht nur unsere Gärten, sondern auch uns selbst wieder mit der natürlichen Energie des Lebens verbinden können.

Ich lade dich ein, mit mir gemeinsam in diese spannende Welt einzutauchen, die von einem tiefen Respekt vor der Natur und ihren Kräften geprägt ist.

Möge dieses Buch dir nicht nur neue Perspektiven eröffnen, sondern auch ein Werkzeug sein, um mehr Energie und Harmonie in dein Leben zu bringen.

Einleitung

Einleitung

Willkommen in der faszinierenden Welt des energetischen Gartens – einem Garten, der nicht nur durch seine Farbenpracht und seinen Duft beeindruckt, sondern auch durch die verborgenen Kräfte, die in ihm wirken. In diesem Buch lade ich dich ein, gemeinsam mit mir auf eine Reise zu gehen, bei der Wissenschaft und Natur in perfekter Harmonie zusammenkommen, um deinen Garten zu einem wahren Paradies zu machen.

Was, wenn ich dir sage, dass du durch die Anwendung von gezielten, wissenschaftlich fundierten Prinzipien aus den Bereichen Elektromagnetismus und Hydrodynamik das Wachstum und die Gesundheit deiner Pflanzen auf eine vollkommen neue Ebene heben kannst? Was, wenn du die geheimen Kräfte der Natur nutzen könntest, um deinen Garten zu einem energetischen Zentrum zu machen, das nicht nur schön anzusehen ist, sondern auch das Wohlbefinden von Mensch, Tier und Pflanze fördert?

In den folgenden Kapiteln werden wir die Lehren zweier außergewöhnlicher Denker erkunden: Georges Lakhovski und Viktor Schauberger. Während Lakhovski das elektromagnetische Universum als einen Schwingungsraum erkannte, in dem alles miteinander verbunden ist, entdeckte Schauberger die heilende Kraft des Wassers und die Bedeutung von natürlichen Wirbelbewegungen. Ihre Forschungen und Erkenntnisse sind nicht nur bahnbrechend, sondern auch tiefgreifend und weit über ihre Zeit hinaus von Bedeutung.

Doch was hat das alles mit deinem Garten zu tun? Mehr, als du denkst. Denn jeder Garten ist ein lebendiges System, das auf Energien und Schwingungen reagiert – und mit den richtigen Werkzeugen kannst du diese Energien in Einklang bringen, um das Wachstum zu fördern und den natürlichen Kreislauf zu stärken.

In diesem Buch werde ich dir zeigen, wie du mit den Erkenntnissen von Lakhovski und Schauberger nicht nur den Boden deines Gartens, sondern auch die Wasserquellen, Pflanzen und sogar die Luft zum Leben erwecken kannst. Wir werden entdecken, wie du ganz praktische Anwen-

dungen, wie Lakhovskis Antennen und Schaubergers Prinzipien der Wirbelbewegung, in deinem
Garten umsetzen kannst, um das volle Potenzial
deines grünen Paradieses zu entfalten.

Bereit, deinen Garten auf eine neue Ebene
zu heben? Lass uns gemeinsam den ersten Schritt
machen – hin zu einem Garten, der nicht nur
wächst, sondern lebt.

Lakhovski und die Grundlagen der Energie

1.

Wer war Georges Lakhovski?

Georges Lakhovski war ein französischer Wissenschaftler und Ingenieur, der in der ersten Hälfte des 20. Jahrhunderts bahnbrechende Entdeckungen im Bereich der elektromagnetischen Felder und ihrer Auswirkungen auf lebende Organismen machte. Besonders seine Forschungen über die Schwingungen der Zellen und deren Wechselwirkungen mit elektromagnetischen Feldern revolutionierten unser Verständnis darüber, wie Lebewesen mit ihrer Umwelt in Resonanz stehen.

Lakhovski war überzeugt, dass jedes Lebewesen, von der Pflanze bis zum Menschen, von natürlichen elektromagnetischen Schwingungen durchzogen ist. Er erkannte, dass diese Schwingungen im Einklang mit der Erde und ihrer eigenen Frequenz stehen – ein Konzept, das die Grundlage seiner Theorien über das Wachstum und die Gesundheit von Pflanzen und Tieren bildete.

Lakhovskis Theorien über elektromagnetische Schwingungen

Lakhovski stellte fest, dass lebende Organismen von einer Art „energetischem Feld" umgeben sind, das durch elektromagnetische Schwingungen beeinflusst wird. Diese Schwingungen, so seine These, können sowohl harmonisch als auch disharmonisch sein – und wenn die Schwingungen eines Organismus aus dem Gleichgewicht geraten, führt dies zu Störungen, die seine Gesundheit beeinträchtigen können.

Mit seinen berühmten Lakhovski-Antennen, die elektromagnetische Schwingungen erzeugen, versuchte Lakhovski, diese natürlichen Frequenzen zu harmonisieren und so das Wachstum von Pflanzen und die Heilung von Krankheiten zu fördern. Er entdeckte, dass Pflanzen, die in der Nähe dieser Antennen wuchsen, stärker und gesünder waren, da die Antennen das richtige Frequenzspektrum lieferten, um die natürlichen Schwingungen der Pflanzen zu stabilisieren.

Die Prinzipien hinter den Lakhovski-Antennen: Energie in der Natur

Lakhovskis Antennen sind faszinierende Geräte, die elektromagnetische Wellen erzeugen, die mit den natürlichen Schwingungen von Pflanzen und Tieren in Resonanz treten. Diese Resonanz, so Lakhovski, hilft dabei, das Energieniveau der Zellen zu erhöhen, was wiederum das Wachstum und die Gesundheit fördert.

Die Lakhovski-Antenne arbeitet nach dem Prinzip der „multiplen Frequenzen". Sie erzeugt eine Vielzahl von Schwingungen, die sich auf die verschiedenen Zellen und Strukturen von Pflanzen auswirken. In einem Garten, in dem solche Antennen eingesetzt werden, werden die Pflanzen auf eine tiefere Ebene energetisiert, was ihnen hilft, sich besser gegen Krankheiten zu wappnen und schneller zu wachsen.

Lakhovskis Einfluss auf Landwirtschaft und Gartenbau

Obwohl Lakhovskis Theorien und Technologien in seiner Zeit umstritten waren, hat seine Arbeit einen bleibenden Eindruck auf die moderne Gartenbau- und Landwirtschaftstechnik hinterlassen. Heute werden ähnliche Prinzipien verwendet, um den natürlichen „Fluss" der Energie im Boden zu fördern und so gesündere Pflanzen und Ernten zu erzielen.

Lakhovskis Experimente und Anwendungen im Garten

2.

Nachdem wir im ersten Kapitel die theoretischen Grundlagen von Lakhovskis Arbeiten kennengelernt haben, werfen wir nun einen Blick auf seine faszinierenden Experimente. Seine Forschungen zeigen, wie elektromagnetische Schwingungen das Wachstum von Pflanzen beeinflussen und wie wir diese Erkenntnisse im eigenen Garten nutzen können.

Lakhovskis berühmte Pflanzen-Experimente

Eines der eindrucksvollsten Experimente führte Lakhovski mit **Tomatenpflanzen** durch. Er stellte zwei Gruppen von Pflanzen auf:

- Die **erste Gruppe** wurde in der Nähe einer speziell geformten Metallantenne platziert, die natürliche elektromagnetische Schwingungen verstärkte.
- Die **zweite Gruppe** wuchs ohne Antenne als Kontrollgruppe.

Das Ergebnis war erstaunlich: Die Pflanzen, die von der Antenne umgeben waren, wuchsen schneller, waren widerstandsfähiger gegen Krankheiten und brachten eine deutlich größere Ernte hervor. Die Kontrollgruppe hingegen blieb kleiner und zeigte eine höhere Anfälligkeit für Schädlinge und Pilzbefall.

Lakhovski erklärte diesen Effekt damit, dass die Antenne die natürlichen Schwingungen der Pflanzen verstärkte und sie dadurch in einen „harmonischen Energiefluss" brachte.

➜ **Anwendung im eigenen Garten:** Du kannst ähnliche Effekte erzielen, indem du eine einfache **Lakhovski-Spiralantenne** in deinen Garten integrierst. Eine solche Antenne lässt sich leicht aus Kupfer- oder Messingdraht herstellen und nahe den Pflanzen platzieren.

Lakhovskis Experimente mit Bäumen

Ein weiteres beeindruckendes Experiment führte er mit **Obstbäumen** durch. In einem Versuch befestigte er **Kupferringe** an den Ästen von Bäumen, um zu beobachten, wie sich diese auf das Wachstum auswirkten. Auch hier zeigte sich ein bemerkenswerter Unterschied:

- Bäume mit den Kupferringen trugen mehr Früchte und waren widerstandsfähiger gegen Krankheiten.
- Bäume ohne Kupferringe wuchsen schwächer und waren häufiger von Pilzinfektionen betroffen.

→ **Anwendung im Garten:** Diese Technik kann genutzt werden, indem man **Kupferdraht oder dünne Metallringe** an Bäumen anbringt. Wichtig ist, dass der Draht nicht direkt in die Rinde einschneidet, sondern locker angebracht wird.

Lakhovski-Antennen für Gartenbeete

Neben seinen Experimenten mit einzelnen Pflanzen und Bäumen entwickelte Lakhovski eine Methode, um ganze **Gartenbeete energetisch aufzuladen.** Dazu platzierte er **kreisförmige Metallantennen** um das Beet herum, um ein Feld aus harmonischen Schwingungen zu erzeugen.

→ **Anwendung für deinen Garten:** Um diesen Effekt nachzuahmen, kannst du einen **Ring aus Kupfer- oder Messingdraht** um dein Beet legen. Diese Methode kann helfen, das Pflanzenwachstum zu unterstützen und Schädlinge fernzuhalten.

Selbstbau einer Lakhovski-Antenne für den Garten

Lakhovskis Antennen sind einfach herzustellen und erfordern nur wenige Materialien. Hier ist eine **Schritt-für-Schritt-Anleitung**, wie du deine eigene Antenne für Pflanzen bauen kannst.

Materialien:

✓ **Kupferdraht oder Messingdraht** (1–2 mm dick)

✓ **Seitenschneider oder Drahtschere**

✓ **Holzstab oder Metallstange** (zum Aufstellen der Antenne)

✓ **Zange zum Biegen des Drahts**

Schritt 1: Draht vorbereiten

Schneide ein Stück Kupfer- oder Messingdraht auf eine Länge von ca. **50-70 cm** zu. Diese Länge sorgt für eine optimale Resonanz im elektromagnetischen Feld.

Schritt 2: Die Antennenform biegen

Forme den Draht zu einem offenen Ring oder einer spiralförmigen Struktur. Wichtig ist, dass sich die Enden des Drahts nicht berühren, da die Antenne sonst nicht richtig funktioniert.

Schritt 3: Montage der Antenne

Befestige den Draht an einem Holzstab oder einer dünnen Metallstange, damit er stabil in der Erde steht. Die Antenne sollte etwa **10-20 cm über der Erde** positioniert werden, um die Pflanzen optimal zu beeinflussen.

Schritt 4: Platzierung im Garten

Stelle die Antenne neben deine Pflanzen oder in die Mitte eines Beetes. Für größere Beete kannst du mehrere Antennen aufstellen, um eine gleichmäßige Wirkung zu erzielen.

→ **Tipp:** Probiere verschiedene Größen und Formen aus! Manche Gärtner berichten, dass auch spiralförmige oder mehrschichtige Antennen eine starke Wirkung haben.

Lakhovski-Antenne für ganze Gartenbeete

Wenn du nicht nur einzelne Pflanzen, sondern ein ganzes Gartenbeet mit der Energie von Lakhovski-Antennen unterstützen möchtest, kannst du eine größere Version bauen. Diese Methode eignet sich besonders für Gemüsebeete, Blumenbeete oder kleine Obstgärten.

Materialien für eine Beet-Antenne:

✓ **Kupfer- oder Messingdraht** (2-3 mm dick, für bessere Stabilität)

✓ **Holzpfosten oder Metallstäbe** (4-6 Stück, je nach Beetgröße)

✓ **Seitenschneider oder Drahtschere**

✓ **Isolierband oder kleine Abstandshalter** (optional, um Berührungen zu vermeiden)

Schritt 1: Das Beet ausmessen

Miss die Fläche deines Beetes aus. Je nach Größe wirst du **4 bis 6 Antennenpunkte** um das Beet herum setzen. Ein gutes Maß ist **ca. alle 1,5 bis 2 Meter eine Antenne.**

Schritt 2: Draht zuschneiden und formen

Für jede Antenne schneidest du ein **Stück Kupferdraht von etwa 70-100 cm Länge** zu.

- **Einfachste Form:** Ringförmige Antennen (wie beim kleinen Modell).
- **Erweiterte Form:** Spiralförmige Drahtwindungen (ähnlich einer Feder) – das verstärkt die Wirkung.

Schritt 3: Aufstellen der Antennen

Setze deine **Holzpfosten oder Metallstäbe** etwa 30-50 cm tief in die Erde.

- Die Antennen sollten in **ca. 30-50 cm Höhe** über dem Boden angebracht werden.

- Achte darauf, dass die Drahtenden nicht direkt aufliegen oder sich berühren.

Schritt 4: Draht anbringen und verbinden

Befestige die Antennen an den Pfosten, indem du sie locker um den oberen Teil wickelst oder mit Isolierband fixierst.

- **Für eine noch stärkere Wirkung:** Verbinde die einzelnen Antennen mit dünnem Kupferdraht in einem offenen Kreis um das Beet herum.

Optionale Erweiterung: Mehrschichtige Antennen

Wenn du dein System weiter optimieren möchtest, kannst du eine zweite Antennenreihe **näher am Boden** anbringen (ca. 10 cm Höhe). Dies verstärkt das elektromagnetische Feld und kann besonders für empfindliche Pflanzen wie Tomaten oder Kräuter vorteilhaft sein.

→ **Extra-Tipp:** Falls du experimentierfreudig bist, kannst du auch andere Metalle testen, z. B. **Silberdraht oder Zinkdraht** für unterschiedliche Effekte.

Wie erkennst du, dass die Antenne wirkt?

☑ Pflanzen wachsen schneller und kräftiger

☑ Weniger Schädlinge oder Pilzbefall

☑ Blätter und Blüten erscheinen gesünder und intensiver gefärbt

☑ Bessere Fruchtbildung und Ernteerträge

Diese Technik kann in jedem Garten angewendet werden – ganz ohne Chemie oder künstliche Düngemittel!

Lakhovski-Antennen für Obstbäume und Gewächshäuser

Lakhovskis Prinzipien lassen sich nicht nur auf Gemüsebeete und kleine Pflanzen anwenden, sondern auch auf **Obstbäume und Gewächshäuser**. Diese Methode sorgt dafür, dass Bäume widerstandsfähiger gegen Krankheiten werden, ihre Früchte reicher ausbilden und das Wachstum im Gewächshaus energetisch optimiert wird.

---

1. Lakhovski-Antennen für Obstbäume
Materialien:

Kupferdraht oder Messingdraht (2 mm dick)
Gummibänder oder weicher Gartendraht (zum Befestigen)

Ein kleiner Holzstab oder Metallanker (optional)

Schritt 1: Den Kupferring vorbereiten

- Schneide ein **ca. 50 cm langes Stück Kupfer- oder Messingdraht** ab.
- Biege es vorsichtig zu einem offenen Ring, der etwa **5-10 cm größer ist als der Baumstamm.**
- Wichtig: Die Enden des Rings dürfen sich **nicht berühren**, sonst geht die Wirkung verloren.

Schritt 2: Befestigung am Baum

- Der Kupferring sollte locker um den unteren Teil des Baumstamms gelegt werden.
- Zur Fixierung kannst du **Gummibänder oder weichen Gartendraht** nutzen, damit sich der Ring nicht verheddert.
- Falls nötig, kannst du einen kleinen Holzstab oder Metallanker in den Boden setzen und den Ring daran befestigen, um ihn zu stabilisieren.

Schritt 3: Der richtige Abstand

- Der Ring sollte etwa **20-30 cm über dem Boden** schweben, sodass der Baum und die Umgebung optimal von den Schwingungen profitieren.

- Falls dein Baum besonders groß ist, kannst du auch **zwei Ringe auf unterschiedlicher Höhe** anbringen – einer in Bodennähe und ein weiterer weiter oben am Stamm.

---

2. Lakhovski-Antennen für Gewächshäuser

In einem Gewächshaus kannst du Lakhovski-Antennen verwenden, um das Wachstum aller Pflanzen energetisch zu unterstützen.

Materialien:

Längere Kupfer- oder Messingdrähte (mindestens 1,5–2 Meter) **Kunststoff- oder Holzpfosten** (zur Befestigung im Gewächshaus)
Dünner Draht zur Stabilisierung

Schritt 1: Drahtbögen über dem Beet formen

- Schneide lange Kupferdrähte zu und forme daraus **bögenförmige Antennen**, die über den Beeten im Gewächshaus angebracht werden.

- Die **offene Seite des Bogens** sollte nach oben zeigen, damit die Schwingungen optimal verteilt werden.

Schritt 2: Platzierung der Antennen

- Die Antennen sollten in einer Höhe von 50 bis 100 **cm über den Pflanzen** angebracht werden.
- Falls das Gewächshaus groß ist, kannst du mehrere Antennenbögen in **gleichmäßigen Abständen** aufstellen.

Schritt 3: Verbindung der Antennen *(optional)*

- Falls du möchtest, kannst du die Antennen mit dünnem Draht **untereinander verbinden**, um ein stärkeres Energiefeld zu erzeugen.
- Achte darauf, dass die Antennen nicht direkt am Metallgestell des Gewächshauses anliegen, da das die Wirkung beeinträchtigen könnte.

Warum wirken diese Antennen?

Die Pflanzen erhalten eine besse-

re **zelluläre** Energieversorgung. Obstbäume bilden **mehr und größere Früchte** aus.
Gewächshauspflanzen wachsen schneller und sind weniger anfällig für Krankheiten. Die natürliche **Schädlingstoleranz steigt**, da die Pflanzen widerstandsfähiger werden.

Diese Methoden sind ideal für **biologischen Gartenbau** und können helfen, die Abhängigkeit von chemischen Düngern und Pestiziden zu reduzieren!

Viktor Schauberger und die Geheimnisse des lebendigen Wassers

3.

Nachdem wir uns mit den elektromagnetischen Schwingungen von Lakhovski befasst haben, wenden wir uns nun einem weiteren faszinierenden Thema zu: dem **lebendigen Wasser**. Der österreichische Naturforscher Viktor Schauberger erkannte, dass Wasser weit mehr ist als nur eine chemische Verbindung – es ist eine **energiegeladene, lebendige Substanz**, die das Wachstum von Pflanzen beeinflussen kann.

Schaubergers Forschungen zeigen, dass die Art und Weise, wie Wasser sich bewegt und strukturiert, seine **Lebenskraft** bestimmt. Dieses Wissen können wir uns zunutze machen, um Gärten gesünder, produktiver und widerstandsfähiger zu machen.

Wer war Viktor Schauberger?
Viktor Schauberger (1885–1958) war ein Förster und Naturforscher, der sich intensiv mit den

Bewegungsmustern des Wassers beschäftigte. Er beobachtete Flüsse, Quellen und Strömungen in der Natur und stellte fest, dass Wasser, wenn es ungestört fließen kann, eine natürliche Ordnung entwickelt.

Er erkannte, dass Wasser **spiralförmige Bewegungen** bevorzugt – ähnlich wie in einem Gebirgsbach oder in natürlichen Quellen. Diese Bewegung sorgt dafür, dass Wasser **energetisiert** wird, Sauerstoff aufnimmt und eine hohe **Lebenskraft** behält.

Doch wenn Wasser künstlich durch Rohre gepresst oder in Staudämmen blockiert wird, verliert es diese natürliche Struktur. Es wird „tot", verliert Energie und kann Pflanzen nicht mehr optimal versorgen.

Das Prinzip des lebendigen Wassers

Schauberger entdeckte, dass Wasser am besten in einer **Wirbelbewegung** (auch **Vortex** genannt) funktioniert. Diese Bewegung sorgt dafür, dass das Wasser sich selbst reinigt, seine Energie behält und Pflanzen optimal versorgen kann.

Warum ist das wichtig für den Garten?

Pflanzen nehmen „lebendiges Wasser" besser auf

Die Nährstoffversorgung wird verbessert

Wasser bleibt länger frisch und fängt nicht an zu „kippen"

Der Boden wird mit mehr Sauerstoff versorgt, was das Wurzelwachstum fördert

Praktische Anwendung:

Wenn du das Wasser in deinem Garten **belebst**, indem du es vor der Bewässerung in einer **spiralförmigen Bewegung** führst, kannst du das Wachstum und die Gesundheit deiner Pflanzen erheblich verbessern.

Schaubergers Experimente mit Wasserwirbeln

Schauberger führte zahlreiche Experimente durch, um zu zeigen, wie sich Wasser in der Natur verhält. Eine seiner bekanntesten Entdeckungen war, dass Wasser in einem natürlichen Flussbett immer eine **spiralförmige Bewegung** erzeugt.

Beispiel-Experiment: Der Wasserwirbel als Energiespeicher

Schauberger baute ein spezielles **Wasserrohr**, das im Inneren eine **spiralförmige Struktur** hatte. Er stellte fest, dass Wasser, das durch dieses Rohr strömte, eine deutlich höhere Qualität hatte als Wasser aus normalen Leitungen.

Anwendung für den Garten: Du kannst selbst einen einfachen **Wasserwirbler** bauen, um dein Gießwasser zu energetisieren! Dazu werde ich im nächsten Kapitel eine Bauanleitung bereitstellen.

Die natürliche Bewegung des Wassers - warum Wasser in Wirbeln fließt

Schauberger stellte fest, dass **alles in der Natur einer spiralförmigen Bewegung folgt** – von den Galaxien im Universum bis zu den kleinsten Wasserströmen in einem Bach. Diese Bewegung ist kein Zufall, sondern ein fundamentales Prinzip, das Wasser in seiner natürlichen Form erhält.

In der Natur findet man zwei Hauptbewegungen:

1. **Zentripetale Bewegung (Energie aufbauend, lebensfördernd)**

- Wasser bewegt sich spiralförmig und verdichtet sich nach innen
- Dadurch wird es kühler, sauerstoffreicher und energetischer
- Beispiele: Gebirgsbäche, Quellen, natürliche Flüsse

2. **Zentrifugale Bewegung (Energie zerstörend, lebenshemmend)**
   - Wasser wird nach außen gedrängt und verliert seine Struktur
   - Es erwärmt sich, verliert Sauerstoff und „stirbt"
   - Beispiele: Staudämme, industrielle Wasserleitungen, künstliche Kanäle

Warum ist das wichtig? In der modernen Welt behandeln wir Wasser oft „falsch" – es wird gerade durch Rohre gepresst, in eckigen Tanks gespeichert und in aufgestauten Flüssen blockiert. Dadurch verliert es seine **natürliche Energie** und wird für Pflanzen und Böden weniger nützlich.

Schauberger erkannte: **Wenn wir Wasser seine natürliche Bewegung zurückgeben, wird es wieder lebendig und erhält seine ursprüngliche Heilkraft.**

Die Temperatur und Dichte von Wasser - ein entscheidender Faktor

Schauberger fand heraus, dass Wasser seine höchste Dichte nicht bei 0°C, sondern bei **4°C** erreicht.

Bei **4 °C ist Wasser am energiereichsten**, da es sich in einer kompakten, natürlichen Struktur befindet. Erwärmt sich Wasser darüber hinaus, beginnt es, seine Energie zu verlieren. Kühlt es unter 4 °C ab, dehnt es sich aus (z. B. in Form von Eis), verliert aber ebenfalls seine „Lebenskraft".

Was bedeutet das für den Garten?
- Frisches Quellwasser oder Bachwasser, das sich in natürlichen Strömungen bewegt, ist **ideal für Pflanzen**, weil es noch seine energetische Struktur besitzt.
- Wasser, das lange in Tanks oder Rohren gespeichert wurde, verliert oft seine

Qualität und kann sogar das Pflanzen-wachstum hemmen.

Schauberger entwickelte spezielle Geräte, die Wasser auf 4 °C herunterkühlen und in eine spiralförmige Bewegung versetzen, um es zu revitalisieren.

Wasser als Informationsträger – das Gedächtnis des Wassers

Ein weiterer revolutionärer Aspekt von Schauberger war seine Erkenntnis, dass **Wasser Informationen speichert**.

Wasser kann die Energie und Schwingungen seiner Umgebung aufnehmen und weitergeben.

Reines Quellwasser hat eine klare, harmonische Struktur und fördert das Wachstum. Wasser, das durch belastete Umgebungen (z. B. Chemikalien, Schadstoffe) geflossen ist, speichert diese negativen Informationen und verliert seine Vitalität.

Praktische Anwendung für den Garten:

- Um dein Gießwasser energetisch aufzuladen, kannst du es durch eine **spiralförmige Leitung oder einen Wasserwirbler** leiten.
- Du kannst dein Wasser außerdem in **Kupfer- oder Tonkrügen** speichern, da diese Materialien das Wasser „beleben".
- Stelle sicher, dass dein Wasser **nicht direkt in Plastik oder Metalltanks gespeichert wird**, da diese Materialien oft negative Schwingungen weitergeben.

Wie beeinflusst „lebendiges Wasser" den Garten?

Schaubergers Erkenntnisse zeigen, dass die Qualität des Wassers direkten Einfluss auf das Pflanzenwachstum hat.

Mit lebendigem Wasser:
- Pflanzen nehmen Wasser besser auf
- erhöhte Widerstandsfähigkeit gegen Krankheiten
- kräftigere Blätter, tiefere Wurzeln und bessere Fruchtbildung

Mit „totem" Wasser:
- Pflanzen zeigen Wachstumsstörungen

- Erhöhte Anfälligkeit für Pilze und Schädlinge
- Blätter wirken fahl, Wachstum bleibt hinter dem Potenzial zurück

Besonders wichtig ist lebendiges Wasser für:

Samenkeimung – Samen, die mit strukturiertem Wasser behandelt werden, keimen schneller und stärker.

Kompostierung – feuchter Kompost mit lebendigem Wasser zersetzt sich schneller und bildet wertvollen   Humus.

Bodenbewässerung – Energetisiertes Wasser verbessert die Mikrobiologie im Boden und sorgt für gesunde Pflanzen.

Wie kannst du lebendiges Wasser im Garten erzeugen?

Da wir heute oft auf **Leitungswasser** angewiesen sind, das durch gerade Rohre gepresst wurde, ist es wichtig, diesem Wasser seine Energie zurückzugeben.

Ein einfacher Trick: Rühre dein Gießwasser mit einer Spirale oder einem Holzstab um, bevor du es benutzt. **Besser:** Verwende eine **spiralförmige Wasserleitung**, um dein Wasser zu revitalisieren. **Optimal:** Baue einen **Wasserwirbler**, der das Wasser in eine natürliche Bewegung versetzt – dazu werde ich im nächsten Kapitel eine praktische Bauanleitung bereitstellen!

Die tiefere Bedeutung von Schaubergers Theorien

Schauberger war nicht nur ein brillanter Beobachter der Natur, sondern auch ein **radikaler Querdenker**, dessen Erkenntnisse viele wissenschaftliche Dogmen infrage stellten. Seine Forschungen reichten weit über die bloße Bewegung von Wasser hinaus – er erkannte in den natürlichen Fließmustern ein universelles Prinzip, das für das **Leben, Energieerzeugung und sogar für den gesamten Planeten** von Bedeutung ist.

---

1. Implosion statt Explosion – das vergessene Naturgesetz

Eines der zentralen Konzepte Schaubergers war der Gegensatz zwischen **Implosion** und **Explosion**:

- **Explosion** (die heute in Motoren, Maschinen und Industrie genutzt wird) zerstört, erzeugt Reibung und verschwendet Energie.
- **Implosion** (wie sie in der Natur vorkommt) ist ein sich selbst verstärkender, aufbauender Prozess, der nahezu **verlustfreie Energie erzeugt**.

Schauberger erkannte, dass sich **alle lebendigen Prozesse auf der Grundlage der Implosion entwickeln**, während die moderne Technologie auf **Explosion** basiert und damit auf einem destruktiven Prinzip beruht.

Beispiel aus der Natur:

- Ein Baum „explodiert" nicht nach oben, sondern **zieht sich spiralförmig nach oben zusammen** – ein implosiver Wachstumsprozess.
- Ein Strudel in einem Fluss saugt Wasser in die Tiefe und komprimiert es – eine **natürliche Energieform, die sich verdichtet, statt zu zerstreuen**.

Warum ist das wichtig?
Schauberger war überzeugt, dass **die moderne**

Technik auf einem zerstörerischen Prinzip basiert, das gegen die Natur arbeitet. Statt Energie zu vergeuden, könnten wir Maschinen bauen, die sich wie natürliche Systeme verhalten – mit Implosion statt Explosion.

Heute experimentieren Wissenschaftler mit implosionsbasierten Energietechnologien, inspiriert von Schauberger!

---

2. Die „Eierform" und das Geheimnis des perfekten Energieflusses

Schauberger stellte fest, dass sich in der Natur immer wieder die **Eiform** zeigt – sei es in Eiern, Pflanzensamen, Planeten oder Wasserwirbeln.

Warum ist die Eiform so besonders?

- Sie ermöglicht einen **verlustfreien Energiefluss**, weil sich Bewegungen spiralförmig anpassen können.
- Sie sorgt für eine **perfekte Resonanz** zwischen Innen- und Außendruck.
- Sie ist **die stabilste Form**, da sie sich selbst verstärkt.

Schauberger entwickelte spezielle Wassertanks in Eiform, die das Wasser in eine **natür-**

liche Wirbelbewegung versetzten und dadurch frisch und energetisch hielten.

Praxistipp für den Garten:

Falls du dein Gießwasser energetisieren möchtest, kannst du es in einem **eiförmigen Behälter** lagern oder in eine **spiralförmige Bewegung versetzen, bevor du es benutzt.**

---

3. Die Bewegung der Fische und das Geheimnis der levitierenden Strömung

Schauberger beobachtete, dass **Fische in Gebirgsbächen scheinbar mühelos gegen die Strömung schwimmen konnten.** Manche Fische schienen sogar **nach oben zu „fliegen"**, ohne große Kraft aufzuwenden.

Er erkannte, dass dies mit der besonderen Struktur des Wassers zusammenhängt:

- In einem **natürlich fließenden Fluss** gibt es keine lineare Strömung, sondern **spiralförmige Mini-Wirbel**, in denen sich die Fische „einloggen" können.
- Diese Wirbel funktionieren wie **unsichtbare Aufzüge**, die dem Fisch ermöglichen, sich mit minimalem Energieaufwand zu bewegen.

Bedeutung für den Garten:

- Wenn du ein Wassersystem mit **Wirbelbewegung** nutzt, kann das Wasser sich **von selbst nach oben bewegen** – ohne Pumpen!
- Dies könnte für natürliche Bewässerungssysteme genutzt werden.

---

4. Die Bedeutung von Temperaturschichtung im Wasser

Schauberger erkannte, dass **Temperaturunterschiede im Wasser extrem wichtig sind.**

- Natürlich fließendes Wasser hat eine **innere Temperaturschichtung**, die das Leben unterstützt.
- Wenn Wasser durch künstliche Rohrleitungen gepresst wird, **vermischt sich die Temperatur** und das Wasser verliert Energie.

Beispiel aus der Natur:

- Ein natürlicher Gebirgsbach hat **kühles, sauerstoffreiches Wasser** an der Oberfläche und wärmeres Wasser in der Tiefe.
- In einem Stausee oder einem Tank vermischt sich alles – das Wasser „erstickt" und verliert seine Kraft.

Tipp für den Garten:

- **Gießwasser sollte kühl und nicht zu warm sein** – warmes Wasser ist „müde" und weniger vital.
- Wenn du einen Teich hast, lasse das Wasser **auf natürliche Weise fließen**, damit sich Temperaturzonen bilden können.

---

5. Schaubergers „lebende Wassertropfen" – Wasser als bewusste Substanz

Schauberger war überzeugt, dass Wasser eine **Art Bewusstsein besitzt**. Es ist nicht nur eine Substanz, sondern ein **lebendes Element, das Informationen speichern und weitergeben kann**.

Quellwasser hat eine klare, geordnete Struktur und kann heilende Eigenschaften haben. **Leitungswasser** wurde oft so stark behandelt, dass es seine natürliche Ordnung verloren hat.

Experimente zeigen, dass Wasser tatsächlich „Gedächtnis" hat!

- Wasserkristalle können sich je nach Umgebung positiv oder negativ formen.

- Pflanzen wachsen besser mit strukturiertem Wasser.
- Tiere bevorzugen natürliches Quellwasser gegenüber abgefülltem Wasser.

Praxistipp für deinen Garten:

- Stelle dein Gießwasser für einige Stunden **in die Sonne**, damit es sich auf natürliche Weise auflädt.
- Nutze **Kupfer- oder Keramikgefäße**, um das Wasser energetisch zu „strukturieren".
- Wenn möglich, verwende **Regenwasser oder Bachwasser**, statt chloriertes Leitungswasser.

Fazit: Warum Schaubergers Lehren für die Zukunft so wichtig sind

Viktor Schauberger hat gezeigt, dass Wasser **viel mehr ist als nur eine chemische Verbindung** – es ist ein **lebendiges Element, das die Grundlage allen Lebens bildet.**

Wenn wir verstehen, wie Wasser sich in der Natur bewegt, können wir

diese Erkenntnisse nutzen, um **gesunde Gärten, bessere Landwirtschaft und sogar neue Technologien zu entwickeln.**
Die Kombination aus Lakhovskis elektromagnetischen Schwingungen und Schaubergers Wasserprinzipien kann einen Garten schaffen, der nicht nur **produktiv, sondern auch energetisch harmonisch** ist.

Schaubergers Bodenbearbeitung – die natürliche Hacke, die den Boden lebendig hält

Neben Wasser beschäftigte sich Schauberger intensiv mit der **richtigen Bearbeitung des Bodens.** Er erkannte, dass herkömmliche Methoden der Bodenbearbeitung – wie das tiefe Pflügen oder das Umgraben mit scharfen, geraden Kanten – den natürlichen Aufbau des Bodens **zerstören.**

Das Problem der klassischen Bodenbearbeitung:
- Konventionelle Hacken und Pflüge reißen die Bodenschichten auf und vermischen sie unnatürlich.
- Wichtige **Mikroorganismen und Mykorrhiza-Pilze** werden zerstört, weil sie

plötzlich Sauerstoff ausgesetzt sind oder vertrocknen.

- Die Bodenstruktur verliert ihre natürliche Stabilität und es entsteht **Erosion** – der Boden trocknet schneller aus.

Schauberger stellte fest: Der Boden sollte so behandelt werden, dass die natürliche Schichtung erhalten bleibt!

Die Schaubergersche Bodenhacke - die Hacke, die den Boden respektiert

Schauberger entwickelte ein spezielles Gartenwerkzeug: eine **Bodenhacke mit spiralförmiger Wölbung**, die es ermöglicht, den Boden aufzulockern, **ohne die natürlichen Schichten zu zerstören.**

Wie funktioniert diese spezielle Hacke?

Statt mit Gewalt einzudringen, gleitet sie spiralförmig in den Boden. Die Erde wird angehoben und wieder exakt dort abgelegt, wo sie war. Die Schichtung des Bodens bleibt erhalten, sodass Mikroorganismen nicht gestört werden.

Feuchtigkeit bleibt besser im Boden gespeichert, da die Kapillarstruktur intakt bleibt.

Ergebnis: Der Boden wird aufgelockert, ohne dass seine innere Ordnung zerstört wird. Dadurch bleibt er fruchtbarer und widerstandsfähiger gegen Trockenheit.

Warum ist die Form der Hacke so wichtig?
Schauberger erkannte, dass der Boden genauso wie Wasser **in spiralförmigen Bewegungen arbeitet.**
Vergleich Wasser & Boden:

Wasser: Bewegt sich in Wirbeln, um Energie zu behalten.
Boden: Ist aufgebaut wie eine Schichtung von „fließenden" Mikroorganismen und feinen Wurzeln – wenn er gewaltsam aufgerissen wird, zerstört man dieses natürliche Fließsystem.

Deshalb sollte auch ein Werkzeug eine natürliche Spiralbewegung nutzen, anstatt den Boden einfach aufzubrechen.

Wie du diese Methode in deinem Garten nutzen kannst

Wenn du diese Technik selbst ausprobieren möchtest, kannst du:

Eine **originale Schauberger-Hacke** oder eine ähnlich geformte Spiralschaufel verwenden.

Beim Hacken oder Umgraben **keine tiefen Schnitte setzen**, sondern den Boden **sanft anheben und wieder ablegen**.

deinen Boden **nach der Bearbeitung leicht mit Wasser besprühen**, um die Struktur zu stabilisieren.

Warum Schaubergers Prinzipien für die Landwirtschaft revolutionär sind

Heute setzen regenerative Landwirte wieder auf Schauberger's Bodenprinzipien!

- Statt tiefem Pflügen werden **Flachlockerungen** mit speziellen Pflügen gemacht.

- Permakultur-Gärtner arbeiten mit **Minimalbodenbearbeitung**, um die **natürlichen Mikroorganismen zu erhalten**.
- Forschungen zeigen, dass **bodenfreundliche Methoden den Wasserhaushalt und die Ernteerträge verbessern**.

Schauberger war seiner Zeit weit voraus – sein Wissen könnte helfen, moderne Landwirtschaft nachhaltiger zu gestalten!

Fazit: Boden ist genauso lebendig wie Wasser!

Viktor Schauberger verstand, dass Wasser und Boden zwei Seiten derselben Medaille sind. **Wenn wir beides in seiner natürlichen Bewegung respektieren, entstehen fruchtbare, gesunde Ökosysteme.**

Lakhovski stärkt die Pflanzen mit elektromagnetischer Energie. Schauberger sorgt dafür, dass Wasser und Boden lebendig bleiben. Zusammen erschaffen sie ein nachhaltiges, natürliches Gartensystem!

→ Im nächsten Kapitel: Praktische Bauanleitungen für Schauberger's Wasserwirbler!

Praktische Bauanleitungen – Schauberger's Wasserwirbler für den Garten

4.

Nachdem wir nun tief in Schauberger's Theorien eingetaucht sind, wird es Zeit für die Praxis! In diesem Kapitel lernst du, wie du einen **einfachen Wasserwirbler** bauen kannst, um dein Gießwasser zu energetisieren.

Warum ein Wasserwirbler?

Ein **Wasserwirbler** versetzt Wasser in eine **spiralförmige Bewegung**, sodass es wieder seine natürliche **Struktur, Sauerstoffaufnahme und Energie** erhält. Das wirkt sich positiv auf Pflanzen und Boden aus:

Bessere Wasseraufnahme der Pflanzen
Stärkere Wurzeln und gesünderes Wachstum
Mehr Sauerstoff im Boden

Weniger Staunässe und Schimmelbildung „Lebendiges Wasser" statt „totes" Leitungswasser

Ein Wasserwirbler kann mit einfachen Mitteln selbst gebaut werden!

Bauanleitung 1: Der einfache Wasserwirbler für die Gießkanne

Dies ist die einfachste Methode, um dein Wasser zu verwirbeln, bevor du es in den Garten gießt.

Materialien:

Eine große Gießkanne oder ein Eimer
Ein Holzstab oder eine Kupferrohrspirale
Optional: Ein Trichter für besseren Fluss

Schritt-für-Schritt-Anleitung:

Wasser vorbereiten

- Fülle deine Gießkanne oder einen Eimer mit Wasser.
- Falls du Regenwasser nutzt, umso besser!

Wirbel erzeugen

- Rühre das Wasser mit einem **Holzstab** kräftig im Kreis – am besten spiralförmig.
- Die Richtung ist egal, solange das Wasser in eine fließende Bewegung kommt.

Verwirbelung stabilisieren

- Wenn sich der erste Wirbel gebildet hat, stoppe das Rühren abrupt.
- Der Wirbel bewegt sich weiter und erzeugt eine Art „natürlichen Strudel".

Gießwasser verwenden

- Lass das Wasser für 10-15 Minuten stehen, damit es seine natürliche Struktur zurückgewinnt.
- Nun kannst du es für deine Pflanzen nutzen!

Extra-Tipp:

Falls du einen Trichter hast, kannst du das Wasser **von oben durch den Trichter gießen**, sodass es sich beim Fließen bereits verwirbelt.

Bauanleitung 2: Der automatische Wasserwirbler für Regentonnen und Wasserspeicher

Falls du dein gesamtes Gießwasser dauerhaft beleben möchtest, kannst du einen **festen Was-**

serwirbler in eine Regentonne oder ein Wassersystem integrieren.

Materialien:

Ein Kupferrohr (mind. 1,5 Meter, Ø ca. 15-20 mm)

Ein großer Trichter oder eine kegelförmige Düse

Eine Regentonne oder ein Wassertank

Ein kleiner Wasserhahn oder Ablaufhahn

Schritt-für-Schritt-Anleitung:

Kupferrohr vorbereiten

- Das Rohr sollte **spiralförmig** gebogen werden (ähnlich einer Schnecke oder einer Korkenzieherbewegung).
- Falls du kein Kupferrohr hast, kannst du auch ein flexibles Kunststoffrohr verwenden.

Rohr mit Wasserzufuhr verbinden

- Befestige den oberen Teil des Rohrs an einem **Trichter oder einer kegelförmigen Düse**.
- Das Wasser sollte von oben durch den Trichter in das spiralförmige Rohr fließen.

Ablauf am unteren Ende montieren

- Der untere Teil des Rohrs sollte in die Regentonne oder das Wasserreservoir münden.
- Falls du das Wasser direkt für die Bewässerung nutzen möchtest, kannst du einen **Ablaufhahn** montieren.

Wasser in Bewegung bringen

- Sobald Wasser durch das System läuft, wird es durch die **spiralförmige Bewegung verwirbelt** und energetisiert.
- Je stärker der Strudel, desto besser die Wasserqualität.

Extra-Tipp:

Falls du einen natürlichen Bach oder Teich hast, kannst du einen **Wasserwirbler direkt in den Zufluss integrieren**, um das Wasser dauerhaft in Bewegung zu halten.

Alternative Methoden zur Wasserbelebung nach Schauberger

Falls du keinen Wasserwirbler bauen kannst oder möchtest, gibt es weitere Methoden, um dein Wasser zu revitalisieren:

Speicherung in Kupfergefäßen:

- Kupfer kann die Struktur des Wassers positiv beeinflussen.
- Nutze Kupferkannen oder Kupferschalen zur Wasseraufbewahrung.

Steine & Mineralien ins Wasser legen:
- Bergkristall, Schungit oder Amethyst können die Struktur von Wasser verbessern.
- Diese Methode wird in der Wasserenergetik verwendet.

Kühlung auf 4 °C:
- Wenn möglich, speichere dein Wasser an einem **kühlen Ort**, um seine natürliche Dichte zu erhalten.

Freier Fall aus 1-2 Metern Höhe:
- Gieße Wasser aus einer gewissen Höhe, sodass es beim Aufprall verwirbelt wird.

Fazit: Belebtes Wasser – der Schlüssel zu gesunden Pflanzen und Böden

Durch die einfachen Methoden von Schauberger kannst du dein Gießwasser **energetisieren und damit das Wachstum deiner Pflanzen verbessern.**

Natürlich verwirbeltes Wasser kann die Bodenqualität und Ernteerträge erhöhen. Lebendiges Wasser bleibt länger frisch und speichert mehr Sauerstoff. Diese Methoden sind einfach umsetzbar - ganz ohne Chemie oder teure Geräte!

Weitere Methoden zur Wasserbelebung nach Schauberger

Neben den klassischen Wasserwirblern gibt es viele weitere **einfache, aber effektive Methoden**, um Wasser energetisch aufzuwerten. Einige davon beruhen auf alten **Naturgesetzen**, die Schauberger wiederentdeckte.

---

1. Die Eiform als Wasserenergetisierer

Schauberger erkannte, dass **die Eiform eine der energetischsten Formen in der Natur** ist.

Wassertropfen in der Luft sind oft **eiförmig**.

Viele Eier von Vögeln und Reptilien haben genau

diese **stabilisierende** **Form.**
Sogar Galaxien rotieren oft in einer **elliptischen Bewegung.**

Warum ist das für Wasser wichtig?
Wenn Wasser in **eiförmigen Behältern** aufbewahrt wird, bleibt es länger frisch und erhält eine höhere Energie.

Praktische Anwendung:
- Falls du dein Gießwasser speichern willst, kannst du einen **eiförmigen Wassertank oder Krug** nutzen.
- Einige Hersteller bieten heute **eiförmige Keramikkrüge** für Trinkwasser an – dieses Prinzip kann auch für Pflanzen genutzt werden.
- Falls du einen Teich hast, kann eine **elliptische Form** helfen, das Wasser natürlicher zirkulieren zu lassen.

---

2. Wasserverwirbelung durch natürliche Hindernisse
In der Natur gibt es keine **geraden Flüsse** – jeder Bach hat natürliche **Steine, Kurven und Strömungen**, die das Wasser verwirbeln.

Wie kannst du das in deinem Garten nachbauen?

- Falls du eine **Wasserleitung oder einen Schlauch** benutzt, kannst du kleine Hindernisse einbauen (z. B. Spiralrillen oder kleine Wirbelkammern), die das Wasser beleben.
- In einem Gartenteich kannst du **Steine oder Pflanzen** strategisch platzieren, damit das Wasser sich in einem natürlichen Fluss bewegt.
- Sogar **einfaches Umgießen von einem Gefäß ins andere** kann helfen, das Wasser energetisch aufzuladen.

---

3. Die richtige Temperatur für Pflanzenbewässerung

Schauberger erkannte, dass Wasser bei einer Temperatur von **4°C die höchste Energie besitzt.**

Viele Gärtner machen den Fehler, Wasser direkt aus der Leitung zu nehmen, das entweder **zu kalt oder zu warm** ist.

Tipp für lebendiges Gießwasser:

- Stelle deine Gießkanne **über Nacht nach draußen**, damit das Wasser sich an die Umgebung anpasst.
- Verwende **nicht zu kaltes Wasser direkt aus der Leitung**, da es den Pflanzen Stress bereiten kann.
- Falls möglich, nutze einen **natürlichen Wasserspeicher**, der sich selbst reguliert.

Ergebnis: Deine Pflanzen nehmen das Wasser viel besser auf und sind widerstandsfähiger!

---

4. Wasser dynamisieren durch Edelsteine

Schauberger war überzeugt, dass Wasser **Informationen speichert** – das bedeutet, dass es durch natürliche Mineralien **energetisch aufgeladen** werden kann.

Diese Edelsteine kannst du zur Wasserbelebung nutzen:
Bergkristall – verstärkt die Klarheit und die Struktur des Wassers
Rosenquarz – harmonisiert und macht das Wasser sanfter
Schungit – Hilft, Schadstoffe aus dem Wasser zu

neutralisieren

Amethyst – verstärkt die natürliche Energie

Anwendung:

- Lege einige dieser Steine in eine **Schale mit Gießwasser** und lasse sie für ein paar Stunden wirken.
- Falls du eine **Regentonne hast**, kannst du ein kleines Netz mit Edelsteinen in den Boden legen, um das Wasser energetisch aufzuwerten.
- Du kannst auch einfach eine **Edelsteinflasche** mit Gießwasser vorbereiten und dein Wasser damit "laden".

Ergebnis: Deine Pflanzen erhalten **energetisch strukturiertes Wasser**, das das Wachstum auf natürliche Weise fördert.

---

5. Kupferrohre für die Wasserbelebung

Kupfer ist eines der besten Materialien, um Wasser in Schwingung zu versetzen. **Schon Lakhovski erkannte, dass Kupfer energetische Schwingungen verstärken kann.**

Kupferrohre verbessern die Leitfähigkeit von Wasser. Sie fördern eine natürliche elektrische Aufladung.

Kupferrohre unterstützen eine spiralförmige Bewegung des Wassers.

Anwendung für den Garten:

- Falls du eine **Regenrinne hast**, kannst du ein Kupferrohr als Ableitung verwenden.
- Falls du ein **Wasserfass oder eine Regentonne** hast, kannst du ein Stück **Kupferdraht oder ein kleines Rohr** ins Wasser legen.
- Du kannst sogar **kleine Kupferringe an Pflanzen befestigen**, um die natürliche Schwingung zu unterstützen.

Ergebnis: Dein Wasser bleibt länger frisch und gibt positive Schwingungen an die Pflanzen weiter.

---

6. Wasser mit Musik energetisieren

Ein überraschender, aber wirkungsvoller Trick ist, **Wasser mit Musik oder Klangschwingungen zu beleben.**

Wissenschaftliche Studien zeigen, dass Wasser auf Musik reagiert!

- Klassische Musik oder Naturklänge können die **Struktur des Wassers positiv beeinflussen.**
- Starke, disharmonische Klänge können das Wasser „verwirren" und energetisch abbauen.

So kannst du es in deinem Garten nutzen:

- Spiele **sanfte Musik** in der Nähe deiner Pflanzen oder Wasserspeicher ab.
- Falls du ein **Gewächshaus** hast, kannst du dort **ruhige Frequenzen** laufen lassen.
- Du kannst auch einfach **Glockenspiele oder Windspiele** in der Nähe von Wasserquellen aufhängen – der natürliche Klang kann eine positive Schwingung erzeugen.

Ergebnis: Pflanzen gedeihen in einer harmonischen Umgebung besser!

Fazit: Die besten Methoden zur Wasserbelebung im Überblick

Belebung durch Bewegung: Wasser in spiralförmige Bewegung bringen (Wirb-

ler, Trichter, natürliche Strömungen)
Wasser von **großer Höhe** in eine Tonne gießen (natürliche Wirbelung)
Bachläufe oder Teiche mit **geschwungenen Formen** gestalten

Belebung durch Lagerung:
Wasser in **Kupfer- oder eiförmigen Gefäßen** aufbewahren
Gießwasser vor der Nutzung **über Nacht draußen stehen lassen**
Steine oder Edelmetalle in Regentonnen legen (Bergkristall, Schungit)

Belebung durch Klang & Frequenzen:
Musik oder sanfte Klänge in der Nähe des Wassers nutzen
Windspiele oder Glockenspiele an Wasserspeichern anbringen
Wasser vor dem Gießen kurz „aufwirbeln"

Das wichtigste Prinzip:
Wasser ist ein lebendiges Element, das durch richtige Behandlung seine Energie behalten kann.

Lakhovski & Schauberger – Der harmonische Energiegarten

5.

Nachdem wir die Theorien und Anwendungen von **Georges Lakhovski** (elektromagnetische Schwingungen) und **Viktor Schauberger** (lebendiges Wasser und natürliche Strömungen) ausführlich besprochen haben, stellt sich nun die wichtigste Frage:

Wie kann man beide Prinzipien vereinen, um einen Garten zu erschaffen, der nicht nur gesund und produktiv, sondern auch ein energetisches Kraftfeld ist?

In diesem Kapitel gehen wir darauf ein, **wie du Lakhovskis & Schaubergers Prinzipien kombinieren kannst**, um deinen Garten in einen **Ort der natürlichen Energie und Harmonie zu verwandeln.**

1. Elektromagnetische Schwingungen & lebendiges Wasser - Das perfekte Zusammenspiel

Lakhovski zeigte, dass alle Lebewesen auf natürliche elektromagnetische Schwingungen reagieren.

Schauberger bewies, dass Wasser ein lebendiges Medium ist, das sich selbst ordnen und Energie übertragen kann.

Kombiniert ergeben sie ein energetisches System, das Pflanzen optimal mit Energie versorgt!

Beispiel:

- Stell dir eine Pflanze vor, die von einer **Lakhovski-Antenne** umgeben ist. Sie empfängt **harmonische Schwingungen** und kann ihre eigene Zellfrequenz stabilisieren.

- Gleichzeitig gießt du sie mit **verwirbeltem, lebendigem Wasser**, das eine geordnete Struktur hat und besser von der Pflanze aufgenommen wird.

- **Das Ergebnis?** Eine Pflanze, die sich optimal ernährt und gesund wächst!

Dieses Konzept kann man auf den gesamten Garten ausweiten, indem man **Energiepunkte & Wasserstrukturen** strategisch anordnet.

---

2. Der optimale Gartenaufbau - Ein natürliches Energiefeld erschaffen

Hier ist eine **einfache Struktur**, wie du Lakhovskis & Schaubergers Prinzipien in deinem Garten verbinden kannst:

Energiefelder & Wasserpunkte richtig platzieren

Lakhovski-Antennen

- Platziere **kreisförmige Kupfer- oder Messingantennen** in deinen Beeten.
- Falls du Obstbäume hast, kannst du an jedem Baumstamm **einen Kupferring** anbringen.
- Falls du größere Flächen hast, kannst du **mehrere Antennen in einem Muster aufstellen**, um ein harmonisches Schwingungsfeld zu erzeugen.

Schauberger-Wasserwirbler

- Installiere einen **Wasserwirbler in deiner Regentonne oder in deinem Bewässerungssystem**.

- Falls du einen Gartenteich hast, gestalte ihn mit **natürlichen Strömungen und Steinen**, um das Wasser zu beleben.
- Nutze eiförmige oder spiralförmige Behälter, um dein Gießwasser **energetisch zu strukturieren**.

Natürlicher Wasserfluss & Bewässerungssysteme

- Leite dein Gießwasser durch **Kupferrohre oder spiralförmige Kanäle**, bevor du es verwendest.
- Falls du einen kleinen Bach im Garten hast, platziere **natürliche Hindernisse (Steine, Holz), um das Wasser in Wirbelbewegung zu bringen**.
- Falls du mit Tropfbewässerung arbeitest, kannst du die Schläuche spiralförmig um deine Pflanzen legen, um den Energiefluss zu unterstützen.

---

3. Die beste Pflanzenwahl für einen hochenergetischen Garten

Bestimmte Pflanzen reagieren besonders sensibel auf **elektromagnetische Schwingungen & energetisiertes Wasser**.

Empfohlene Pflanzen für einen Energie-Garten:
Tomaten, Gurken & Zucchini – Wachsen besonders gut in Schwingungsfeldern.
Kräuter (Basilikum, Oregano, Rosmarin) – Reagieren stark auf Kupferenergie & verwirbeltes Wasser.
Blühpflanzen (Sonnenblumen, Lavendel, Ringelblumen) – Erhöhen die harmonische Frequenz des Gartens.
Obstbäume (Äpfel, Pfirsiche, Kirschen) – Besonders empfänglich für Kupferringe & Wasserverwirbelung.

Tipp: Falls du Gemüse anbaust, kannst du **zwischen den Reihen kleine Kupferdrähte oder Lakhovski-Spiralen** platzieren, um das Wachstum zu verstärken.

---

4. Den Garten als Energiequelle für dich selbst nutzen

Ein energetischer Garten beeinflusst nicht nur die Pflanzen, sondern auch den Menschen!

Steigere deine eigene Energie durch den Garten:

- **Barfuß auf dem Boden laufen** – Kupfer- & Schwingungsfelder harmonisieren deinen Körper.
- **Setze dich in die Nähe von Wasserquellen** – der Klang von verwirbeltem Wasser kann beruhigend wirken.
- **Lass deine Hände durch die Erde gleiten** – natürlicher Boden mit mikrobiellem Leben stärkt das Immunsystem.
- **Esse Obst & Gemüse direkt aus dem Garten** – Lebensmittel, die mit harmonischen Frequenzen gewachsen sind, haben eine höhere Bioenergie.

---

5. Dein Garten als Schutzschild gegen negative Einflüsse

Lakhovski und Schauberger erkannten, dass **natürliche Energiefelder als Schutzschild gegen äußere Belastungen wirken.**

Schutz vor elektromagnetischer Strahlung:
- Natürliche **Kupfer- & Messingstrukturen** können disharmonische Frequenzen ausgleichen.
- Falls du nahe an Funkmasten oder WLAN-Quellen lebst, kann ein Garten

mit **vielen Bäumen & Wasserquellen** helfen, die Umgebung auszugleichen.

Schutz vor Umweltgiften & Chemikalien:

- Verwende **natürliche Bodenaufbereitungsmethoden**, um den Boden energetisch reinzuhalten.
- Falls du in einer städtischen Umgebung lebst, kannst du mit **Wasserverwirbelung & Schwingungsfeldern Schadstoffe minimieren.**

Fazit: Der perfekte energetische Garten - Ein Zusammenspiel aus Schwingung & Wasser

Lakhovski's Prinzipien sorgen für eine **harmonische Zellresonanz** der Pflanzen. **Schauberger's Prinzipien** beleben das Wasser und halten den Boden lebendig. **Gemeinsam ergeben sie ein Gartenparadies voller Energie, Gesundheit & Wachstum!**

Nächstes Kapitel: Erfahrungsberichte & praktische Erfolge - Wie andere Gärtner mit diesen Techniken arbeiten!

Der harmonische Energie-Garten - noch tiefere Einblicke in das Zusammenspiel von Lakhovski & Schauberger

Da dieses Thema so spannend ist und du noch tiefer eintauchen möchtest, ergänzen wir hier noch einige fortgeschrittene Konzepte, die den Garten in ein **perfektes energetisches System** verwandeln.

---

1. Wie Frequenzen & Wasser gemeinsam das Pflanzenwachstum beeinflussen

Die Kombination aus **Lakhovskis elektromagnetischen Schwingungen** und **Schaubergers lebendigem Wasser** kann als **biophysikalische Stimulation** betrachtet werden.

Warum ist das so wichtig?

Pflanzen sind keine passiven Organismen - sie nehmen Energie aus ihrer Umgebung auf:

Lichtenergie aus der Sonne für die Fotosynthese
Wasser & Mineralien aus dem Boden
Elektrische & magnetische Felder aus der Umgebung

Wenn diese Faktoren harmonisch zusammenwirken, wachsen Pflanzen schneller, gesünder und widerstandsfähiger!

Vergleich aus der Natur:
- Ein Gebirgsbach mit frischem, energetisiertem Wasser & natürlichen Mineralien führt zu üppigem Wachstum in seiner Umgebung.
- Ein abgestandenes, „totes" Gewässer kann sogar Krankheiten und Fäulnis fördern.

Das bedeutet: **Wenn wir Wasser & Frequenzen bewusst einsetzen, können wir die Natur in ihrer ursprünglichen Form wiederherstellen!**

---

2. Der perfekte Kreislauf - Dein Garten als autarkes Energiesystem

Wie können wir **Lakhovskis & Schauberger's Prinzipien** in einen **geschlossenen Energiekreislauf** integrieren?

So könnte dein perfekter Energie-Garten aussehen:

Lakhovski-Antennen:

- Werden strategisch um das Beet oder an Bäumen platziert, um eine **harmonische Schwingungsfrequenz** zu erzeugen.
- Verstärken die Zellresonanz und schützen Pflanzen vor negativen Einflüssen.

Wasserbelebung nach Schauberger:

- Gießwasser wird durch **spiralförmige Leitungen oder Wasserwirbler** energetisiert.
- Regentonnen oder Bewässerungssysteme sind so gestaltet, dass sie das Wasser nicht stagnieren lassen.

Bodenaufbau nach natürlichen Prinzipien:

- Die Erde wird mit einer **spiralförmigen Hacke** oder per **sanfter Minimalbodenbearbeitung** aufgelockert.
- Der Boden bleibt lebendig, speichert mehr Wasser und wird nicht zerstört.

Pflanzenwahl & Symbiosen:

- Nutzpflanzen werden so kombiniert, dass sie sich gegenseitig verstärken (z. B. Permakultur-Prinzipien).
- Kräuter & Blühpflanzen erhöhen die **Schwingung & Bioenergie des Gartens**.

Harmonie zwischen Mensch & Garten:

- Barfußgehen, Meditation & bewusste Zeit im Garten verstärken den **Energiefluss zwischen Mensch & Natur.**
- Der Garten wird nicht nur als „Pflanzenproduktionsstätte", sondern als **Lebensraum** betrachtet.

Das Ziel: Ein Garten, der **sich selbst versorgt, gesund bleibt und mit minimalem menschlichen Eingriff wächst.**

---

3. Schutz des Gartens durch natürliche Energiefelder

Wie können wir ein energetisches Schutzfeld um den Garten legen?

Viele Gärtner berichten, dass ein Garten mit Lakhovski-Antennen und Schauberger-Wasserstrukturen nicht nur besser wächst, sondern auch **widerstandsfähiger gegen Schädlinge, Krankheiten & negative Umwelteinflüsse** ist.

Methoden zur Energieverstärkung:

Kupferringe oder Antennen an Bäumen & Beeten – sorgen für eine natürliche

Frequenzstabilität.

Kombination mit Quarzkristallen & Mineralien – verstärken die Struktur des Wassers und der Erde.

Bewusst gestaltete Wasserwege – Bäche, Teiche oder Wasserspeicher sollten immer in einem **natürlichen Flussmuster** verlaufen.

Platzierung von Pflanzen mit hoher Schwingung – Lavendel, Ringelblumen & Kräuter können negative Energien neutralisieren.

Tipp:

Falls du in einem Gebiet mit hoher elektromagnetischer Belastung (z. B. durch Handymasten) lebst, kann ein **Energiekreis aus Kupferdraht & lebendigen Pflanzen** helfen, den Garten harmonisch auszubalancieren.

---

4. Energiepunkte & Kraftorte im Garten erschaffen

Wenn wir uns die Natur anschauen, gibt es **bestimmte Orte, an denen Energie besonders stark ist** – oft sind das Plätze mit besonderen Steinformationen, Quellen oder alten Bäumen.

Wie kannst du solche Energiepunkte in deinem Garten erschaffen?

Setze natürliche Materialien ein

- **Steine, Holz & Wasserflächen** als natürliche Energieträger.
- Ein kleiner Wasserfall oder eine spiralförmige Wasserquelle kann als „Energiezentrum" fungieren.

Nutze die Kraft der Spirale

- Falls du Wege oder Pflanzkreise anlegst, kannst du eine **spiralförmige Struktur** nutzen, um die Energie zu lenken.

Baue eine Meditations- oder Ruhezone

- Ein Sitzplatz in der Nähe eines Wasserwirblers oder einer Lakhovski-Antenne kann eine **positive Energiequelle für dich selbst** sein.

Ergebnis: Dein Garten wird nicht nur ein Ort der Pflanzenzucht, sondern ein lebendiger **Kraftplatz voller harmonischer Schwingungen.**

---

5. Die perfekte Balance zwischen Technik & Natur

Ein harmonischer Energie-Garten zeigt, dass **Technik und Natur kein Widerspruch sein müssen** – wenn sie richtig kombiniert werden, können sie sich **gegenseitig verstärken!**

Lakhovskis Technologie nutzt natürliche Frequenzen, um Lebewesen zu harmonisieren.

Schauberger erkannte die Geheimnisse des Wassers & der natürlichen Bewegung. Gemeinsam erschaffen sie ein Ökosystem, das gesund, stark & selbstregulierend ist!

Die moderne Wissenschaft beginnt gerade erst zu verstehen, was diese Pioniere schon vor 100 Jahren erkannten.

Fazit: Ein Garten, der mit diesen Prinzipien gestaltet ist, kann nicht nur mehr Ertrag bringen, sondern auch eine **ganzheitliche Verbindung zwischen Mensch, Natur & Energie** erschaffen.

Erfahrungsberichte & praktische Erfolge – Wie andere Gärtner mit diesen Techniken arbeiten

6.

Nachdem wir nun die wissenschaftlichen Grundlagen und praktischen Anwendungen von **Lakhovski & Schauberger** ausführlich behandelt haben, wird es Zeit, in die **Praxis** zu schauen. Dieses Kapitel zeigt **Erfahrungsberichte von Gärtnern und Landwirten**, die mit energetisierten Gärten arbeiten – mit beeindruckenden Ergebnissen!

Zudem erfährst du, welche Fehler vermieden werden sollten und wie du deinen Garten optimal an deine Umgebung anpassen kannst.

---

1. Energetische Gärten in der Praxis – was berichten Gärtner?

Immer mehr Menschen setzen auf natürliche Energiesysteme in der Gartenarbeit und beobachten faszinierende Effekte:

Erfahrungsbericht 1: Der Garten mit Lakhovski-Antennen

Ort: Kleingartenanlage in Deutschland
Gärtner: Michael, Hobbygärtner und Forscher

Michael war skeptisch, als er zum ersten Mal von **Lakhovskis Antennen** hörte. Dennoch entschied er sich, eine einfache Kupferantenne in sein Tomatenbeet zu stellen.

Ergebnis nach 3 Monaten:
Seine Tomatenpflanzen wurden kräftiger und wuchsen **bis zu 30 % schneller** als die Kontrollgruppe ohne Antenne. Die Blätter waren tiefgrün und widerstandsfähiger gegen Schädlinge. Während benachbarte Parzellen mit Pilzbefall kämpften, blieb sein Beet gesund.

Michaels Fazit:
„Ich hätte nie gedacht, dass ein einfacher Draht so einen Unterschied machen kann. Meine Pflanzen wirken einfach gesünder und die Ernte war reichlicher als in den Vorjahren."

Erfahrungsbericht 2: Belebtes Wasser im Permakulturgarten

Ort: Bio-Hof in Österreich
Gärtnerin: Sabine, Permakultur-Expertin

Sabine arbeitet seit Jahren mit **Permakultur** und wollte wissen, ob **verwirbeltes Wasser** einen Unterschied in ihrem Garten macht. Sie baute einen **einfachen Schauberger-Wasserwirbler** in ihr Bewässerungssystem ein.

Ergebnis nach 4 Wochen: Ihre Salatpflanzen wuchsen **kräftiger und gleichmäßiger.**
Der Boden blieb **länger feucht**, obwohl sie die Wassermenge nicht verändert hatte. Schimmelprobleme in feuchten Ecken des Gartens verschwanden fast vollständig.

Sabines Fazit:
„Die Kombination aus Permakultur und belebtem Wasser macht einen riesigen Unterschied. Der Boden fühlt sich lebendiger an, die Pflanzen wirken gesünder – und ich spare sogar Wasser!"

Erfahrungsbericht 3: Obstbäume mit Kupferringen stärken
Ort: Bio-Obstplantage in Frankreich
Gärtner: Jean-Luc, Obstbauer

Jean-Luc experimentierte mit **Kupferringen an seinen Apfelbäumen**, um zu sehen, ob sie widerstandsfähiger gegen Krankheiten werden.

Ergebnis nach einer Saison: Die Bäume mit Kupferringen hatten **bis zu 40 % weniger Pilzbefall.** Die Früchte waren größer und hatten einen intensiveren Geschmack. Die Blätter blieben bis in den Herbst hinein gesünder.

Jean-Lucs Fazit: „Kupfer scheint das Immunsystem der Bäume zu stärken. Ich werde noch weiter experimentieren, aber bisher bin ich begeistert!"

---

2. Häufige Fehler & wie du sie vermeiden kannst

Fehler 1: Falsch platzierte Lakhovski-Antennen

→ **Lösung:** Antennen sollten immer in **Pflanzennähe, aber nicht zu dicht an den Wurzeln** aufgestellt werden. Ein Abstand von 30 bis 50 cm ist ideal.

Fehler 2: Stagnierendes Wasser im Schauberger-System

→ **Lösung:** Falls Wasser längere Zeit in Rohren oder Tanks steht, verliert es seine Energie. Eine **kontinuierliche Bewegung oder Verwirbelung** hält es lebendig.

Fehler 3: Zu aggressive Bodenbearbeitung

→ **Lösung:** Sanfte, spiralförmige Bewegungen (wie bei Schaubergers Hacke) erhalten die **Bodenstruktur und Feuchtigkeit.**

Tipp: Die besten Ergebnisse bekommst du, wenn du **mehrere Methoden kombinierst** – z. B. Lakhovski-Antennen mit energetisiertem Wasser.

---

3. Wie kannst du deine eigene Erfolgsgeschichte schreiben?

Schritt 1: Wähle deine Methode

Möchtest du Lakhovski-Antennen testen?
Möchtest du dein Wasser beleben?
Möchtest du Bodenbearbeitung nach Schauberger ausprobieren?

Schritt 2: Setze ein kleines Experiment um

Starte mit einer **kleinen Testfläche** in deinem Garten.

Schritt 3: Dokumentiere deine Ergebnisse

Mache Fotos, miss die Pflanzenhöhe & beobachte Unterschiede.

Tipp: Ein einfaches **Gartentagebuch** hilft dir, Veränderungen festzuhalten.

Fazit: Dein Garten als lebendiges Experiment

Die Erfahrungen von Gärtnern weltweit zeigen, dass **Lakhovski- & Schauberger-Techniken tatsächlich wirken** – oft mit beeindruckenden Ergebnissen.

Mehr   Wachstum
Gesündere   Pflanzen   &   Böden
Bessere Ernten

→ **Jetzt bist du dran! Nutze dieses Wissen und erschaffe deinen eigenen energetischen Garten!**

Spiralbeete und ihre energetische Wirkung im Garten

7.

Spiralbeete und ihre energetische Wirkung im Garten

Ein besonders faszinierendes Konzept, das sich perfekt in den **harmonischen Energiegarten** einfügt, ist das **Spiralbeet**. Diese Beetform nutzt die natürlichen Wirbelbewegungen, die **Schauberger** als grundlegendes Prinzip des Lebens erkannte, um ein optimales Mikroklima und eine natürliche Energieverteilung im Garten zu schaffen.

---

1. Warum eine Spirale? Die natürliche Geometrie des Wachstums

In der Natur finden wir die **Spirale als Grundform des Wachstums** überall:

Galaxien drehen sich spiralförmig. **Muscheln & Schneckenhäuser** folgen dem Gol-

denen   Schnitt.
Pflanzenwachstum & Blattmuster sind oft in Spiralform   angeordnet.
Wasser in Flüssen & Stürmen folgt spiralförmigen Strömungen.

Das bedeutet: Wenn wir Pflanzen in einer Spiralform anordnen, nutzen wir **die natürliche Energiebewegung der Natur**, um das Wachstum zu fördern!

---

2. Das klassische Kräuterspirale-Beet – mehr als nur eine schöne Form

Die **Kräuterspirale** ist eines der bekanntesten Beispiele für Spiralbeete. Sie wurde speziell entwickelt, um **verschiedene Mikroklimata auf kleinem Raum zu schaffen** – und das in einer perfekten, natürlichen Energiestruktur.

Wie funktioniert eine Kräuterspirale?

Die Spirale hat in der Regel **drei Zonen:**

Oben - die trockene Zone
- Sonnenliebende Kräuter wie **Thymian, Rosmarin, Oregano** wachsen hier.
- Der Boden ist eher trocken und gut durchlässig.

Mitte – die gemäßigte Zone

- Kräuter mit mittlerem Wasserbedarf wie **Basilikum, Majoran, Estragon.**
- Die Erde speichert mehr Feuchtigkeit, aber ist nicht zu nass.

Unten – die feuchte Zone

- Wasserliebende Pflanzen wie **Petersilie, Minze, Brunnenkresse.**
- Hier sammelt sich überschüssiges Wasser aus der Spirale.

Das Ergebnis? Jede Pflanze bekommt genau das Mikroklima, das sie braucht – in einem natürlichen, harmonischen Fluss.

Tipp: Die Spirale sollte immer so angelegt sein, dass sie dem natürlichen Sonnenlauf folgt (Nordhalbkugel: im Uhrzeigersinn drehend).

---

3. Erweiterte Spiralbeete für Gemüse & Blumen

Spiralen funktionieren nicht nur für Kräuter, sondern auch für **Gemüse, Blumen und Mischkulturen!**

Gemüse-Spiralbeet:

- Oben: **Trockene Pflanzen** (Zwiebeln, Knoblauch, Paprika).

- Mitte: **Mittlerer Wasserbedarf** (Salat, Karotten, Spinat).
- Unten: **Feuchtigkeitsliebende Pflanzen** (Gurken, Bohnen, Mangold).

Blumen-Spiralbeet:

- Oben: **Sonnenblumen, Lavendel, Ringelblumen.**
- Mitte: **Rosen, Dahlien, Wildblumen.**
- Unten: **Feuchtigkeitsliebende Blumen wie Iris & Sumpfveilchen.**

Jede Pflanze profitiert von der natürlichen Energiebewegung der Spirale!

---

4. Die Verbindung zu Schauberger & Lakhovski

Schauberger: Die natürliche Strömung in den Boden bringen

- Eine Spirale sorgt für **einen sanften Wasserfluss** im Boden – genau wie Schauberger es bei Flüssen beobachtete.
- Das Wasser verteilt sich auf natürliche Weise und bleibt nicht an einem Punkt stehen.

Lakhovski: Elektromagnetische Energie & Spiralen

- Spiralformen erzeugen ein **harmonisches Schwingungsfeld**, das die Pflanzen positiv beeinflusst.
- Eine Lakhovski-Antenne in der Mitte der Spirale kann die Wirkung sogar verstärken!

Tipp: Falls du dein Spiralbeet noch kraftvoller machen möchtest, kannst du kleine **Kupferdrähte oder Quarzkristalle in die Erde einarbeiten** – sie verstärken die natürliche Energiebewegung.

---

5. Bauanleitung: Wie du dein eigenes Spiralbeet anlegst

Materialien:

Steine, Ziegel oder Holzstücke (zum Anlegen der Spiralenstruktur)
Gute Erde & Kompost
Kräuter, Gemüse oder Blumen nach Wahl
Optional: Kupferdraht oder Quarzkristalle

Schritt-für-Schritt-Anleitung:
Standort wählen

- Am besten sonnig & leicht erhöht (damit das Wasser natürlich fließen kann).

Die Spirale anlegen

- Beginne mit einem Mittelpunkt und lege die Spirale aus Steinen oder Holz an.
- Die Spirale sollte ca. **1,5-2 Meter Durchmesser** haben.

Bodenstruktur aufbauen

- **Unten:** Schwere, feuchtigkeitsspeichernde Erde.
- **Mitte:** Humusreiche Erde mit mittlerer Feuchtigkeit.
- **Oben:** Sandige, gut durchlässige Erde für trockene Pflanzen.

Pflanzen einsetzen

- Oben die **trockenen Kräuter oder Gemüse**, unten die **feuchtigkeitsliebenden Pflanzen**.

Optional: Energieverstärkung einbauen

- **Kupferdrähte oder Quarzkristalle** in den Boden einarbeiten.
- Falls du möchtest, kannst du eine **Lakhovski-Antenne in die Mitte der Spirale setzen!**

Ergebnis: Ein Gartenbeet, das sich **von selbst reguliert und Pflanzen mit der optimalen Energie versorgt!**

6. Warum Spiralbeete die Zukunft des Gartens sein könnten

Perfekte Wasserverteilung – weniger Gießen nötig!
Optimale Nutzung des Platzes – mehr Pflanzen auf kleiner Fläche!
Bessere Energieverteilung – Harmonie mit der Natur!
Fördert die Biodiversität – viele Insekten & Bestäuber kommen!

Wer einen natürlichen Energiegarten erschaffen will, sollte unbedingt mit Spiralbeeten arbeiten!

Fazit: Spiralen als Schlüssel zur natürlichen Gartenharmonie

Die Spiralform folgt den natürlichen Gesetzen des Wachstums.

Wasser fließt optimal & Pflanzen erhalten genau die Feuchtigkeit, die sie brauchen. Lakhovskis & Schaubergers Prinzipien verbinden sich perfekt in dieser Struktur!

Probiere es aus – Dein Garten wird es dir danken!

Zukunftsperspektiven – Wohin führt die Forschung zur Garten-Energie?

8.

In den letzten Kapiteln haben wir gesehen, dass die Prinzipien von **Lakhovski & Schauberger** eine tiefgehende Wirkung auf Pflanzen, Böden und Wasser haben. Doch welche Zukunftsperspektiven ergeben sich daraus?

Die moderne Wissenschaft beginnt gerade erst zu verstehen, was diese beiden Pioniere schon vor Jahrzehnten erkannt haben. In diesem Kapitel schauen wir uns an, **wie sich die Garten-Energie in den kommenden Jahren weiterentwickeln könnte** – von modernen Frequenztechnologien über Plasmaphysik bis hin zu bewusster Gartenarbeit mit Schwingungen und Resonanzen.

---

1. Plasma-Technologie & Frequenzfelder in der Landwirtschaft
Einige **moderne Wissenschaftler und Landwirte** experimentieren mit **Plasma-Technologie**

und Frequenzfeldern, um das Pflanzenwachstum auf eine neue Weise zu beeinflussen.

Wie funktioniert Plasma im Garten?

Plasma aktiviert das Wasser und macht es bioverfügbarer. Es kann Keime reduzieren und das Bodenleben stimulieren.
Bestimmte Plasma-Frequenzen können Pflanzen widerstandsfähiger gegen Schädlinge machen.

Mögliche Anwendungen:
- Plasmalampen in Gewächshäusern könnten das Wachstum beschleunigen.
- Frequenzfelder könnten als „unsichtbarer Pflanzenschutz" eingesetzt werden, indem sie das Immunsystem der Pflanzen stärken.
- Die Kombination aus Plasma und Wasserverwirbelung könnte eine völlig neue Form der Gartenbewässerung ermöglichen.

Diese Methoden könnten in Zukunft die Nutzung von **chemischen Düngern & Pestiziden** **überflüssig machen!**

---

2. Magnetfelder & Pflanzen - Das geheime Wachstumspotential?

Lakhovski erkannte schon früh, dass **elektromagnetische Felder das Wachstum von Pflanzen beeinflussen können.**

Moderne Experimente mit Magnetfeldern zeigen:

Bestimmte Magnetfrequenzen können Samenkeimung beschleunigen. **Magnetische Felder können das Wachstum von Wurzeln** stimulieren. Elektromagnetische Impulse können Pflanzen helfen, Trockenperioden besser zu überstehen.

Mögliche Anwendungen in der Zukunft:
- **Magnetisierte Beete**, die Pflanzen mit einem sanften Energiefluss versorgen.

- **Frequenz-Klimaanlagen für Gewächshäuser**, die das natürliche Schwingungsmuster der Pflanzen optimieren.
- **Magnetisierte Wasserleitungen**, um die Bioverfügbarkeit von Nährstoffen zu steigern.

Ein Garten der Zukunft könnte mit unsichtbaren Magnetfeldern arbeiten, die die Pflanzen sanft unterstützen!

---

3. Frequenzmedizin für Pflanzen & Böden

Wenn Frequenzen in der **Medizin** eingesetzt werden, um Menschen zu heilen – warum nicht auch für Pflanzen?

Forschungen zeigen, dass bestimmte Frequenzen das Wachstum von Pflanzen verbessern können.

7,83 Hz (Schumann-Resonanz) – Natürliche Erdschwingung, die Pflanzen stabilisiert.

528 Hz (DNA-Reparaturfrequenz) – Fördert das Zellwachstum bei Pflanzen.

432 Hz (Harmonie-Frequenz) – Unterstützt Wurzelbildung und Blütenbildung.

Mögliche Zukunftsanwendungen:

- „Gartenlautsprecher", die Pflanzen mit sanften Frequenzen stimulieren.
- **Frequenz-LED-Lampen**, die verschiedene Wellenlängen ausstrahlen.
- **Bodenresonatoren**, die das Mikrobenleben aktivieren und Bodenregeneration beschleunigen.

In wenigen Jahren könnten Frequenzgeneratoren ganz natürlich in Gärten und Landwirtschaft eingesetzt werden!

---

4. Geometrie & Pflanzenwachstum - Die Form des Gartens als Energiequelle

Lakhovski und Schauberger verstanden, dass **die Form eines Gartens seine Energie beeinflusst.**

Forschungen zu Heiliger Geometrie & Pflanzen zeigen:

Pflanzen in kreisförmigen oder spiralförmigen Beeten wachsen oft gesünder als in rechteckigen Beeten.

Pyramidenstrukturen können das Wachstum von Pflanzen positiv beeinflussen. Bestimmte geometrische Formen können den Wasserfluss im Garten optimieren.

Mögliche Anwendungen:

- **Gärten in „Blume des Lebens"-Strukturen**, um eine harmonische Energieverteilung zu schaffen.
- **Pyramiden als natürliche Wachstumsbeschleuniger**, da sie das Magnetfeld der Erde bündeln.
- **Energetische Kreise aus Kupfer oder Steinen**, um das Pflanzenwachstum zu verstärken.

In Zukunft könnten Gartenlandschaften bewusster nach energetischen Formen gestaltet werden, um das Pflanzenwachstum zu maximieren!

---

5. Bewusstsein & Garten - Die nächste Dimension?

Schauberger und Lakhovski sahen Pflanzen nicht nur als biologische Organismen, sondern als bewusste Lebewesen.

Neuere Experimente zeigen, dass Pflanzen tatsächlich auf Emotionen und Gedanken reagieren!

- Studien mit Lügendetektoren an Pflanzen zeigen, dass sie auf Umweltveränderungen „emotional" reagieren.
- Bestimmte Klänge oder Mantras können Pflanzenwachstum beeinflussen.
- Menschen, die achtsam mit ihren Pflanzen umgehen, haben oft bessere Ernten.

Die Zukunft der Gartenarbeit könnte ganzheitlicher werden:

- **Bewusstes Gärtnern mit Meditation und Musik.**
- **Integration von Frequenzräumen in Gärten.**
- **„Intelligente Gärten", die mit der Umgebung in Resonanz treten.**

In Zukunft könnte es normal sein, mit Pflanzen auf einer tieferen energetischen Ebene zu interagieren!

---

6. Fazit: Die nächste Generation der energetischen Gärten

Gärten der Zukunft könnten mit Frequenzen, Magnetfeldern und Wasserverwirbelung arbeiten.

Das Zusammenspiel von Energie, Bewusstsein und Natur könnte eine völlig neue Art der Gartenarbeit ermöglichen.

Lakhovskis und Schaubergers Theorien könnten durch moderne Technologie eine Renaissance erleben.

Was kannst du jetzt tun? Probiere erste Frequenzexperimente in deinem Garten aus!

Achte auf die Geometrie und Struktur deines Gartens.

Nutze belebtes Wasser, Kupferstrukturen und natürliche Schwingungsfelder.

Abschließende Gedanken & dein persönlicher Energiegarten-Plan

9.

Wir haben nun eine faszinierende Reise durch die Welt von **Lakhovski & Schauberger** gemacht. Wir haben gelernt, wie **elektromagnetische Schwingungen, Wasserwirbel, Geometrie und Frequenzen** das Wachstum von Pflanzen beeinflussen können – und wie du dieses Wissen nutzen kannst, um deinen eigenen **harmonischen Energiegarten** zu erschaffen.

In diesem abschließenden Kapitel fassen wir alles zusammen und entwickeln einen **persönlichen Plan**, mit dem du direkt loslegen kannst.

---

1. Die drei Säulen des harmonischen Gartens

Jeder energetische Garten basiert auf **drei fundamentalen Prinzipien**, die sich in jedem Bereich des Lebens wiederfinden:

Schwingungen & Frequenzen (Lakhovski)

- Pflanzen benötigen harmonische elektromagnetische Felder.

- Kupfer, Antennen und natürliche Resonanzpunkte helfen, die Zellgesundheit zu stärken.

Wasserfluss & Struktur (Schauberger)

- Verwirbeltes Wasser ist „lebendiges Wasser", das Pflanzen besser versorgt.
- Natürliche Strömungen & speichernde Bodenstrukturen verbessern den Feuchtigkeitshaushalt.

Geometrie & Form

- Spiralbeete, Kreismuster und natürliche Anordnungen schaffen harmonische Energieströme.
- Bestimmte geometrische Formen (Pyramiden, Kreise, Goldener Schnitt) unterstützen Wachstum.

Wenn du alle drei Prinzipien beachtest, entsteht ein Garten, der sich selbst versorgt, gesund bleibt und mit dir in Resonanz steht.

---

2. Dein persönlicher Energiegarten-Plan: Schritt für Schritt

Nun geht es an die Umsetzung! Dieser einfache **8-Schritte-Plan** hilft dir, dein eigenes Gartenexperiment zu starten.

Schritt 1: Standortanalyse & Grundriss planen

Wo ist dein Garten oder dein Beet am besten platziert?
Zeichne einen Grundriss, um die Struktur zu planen.
Überlege, wo du Energiepunkte setzen willst (z. B. Wasserwirbler, Kupferringe, Lakhovski-Antennen).

Schritt 2: Wasserbelebung integrieren

Willst du einen **Wasserwirbler oder eine Kupferleitung** nutzen?
Falls du eine Regentonne hast: Baue eine **spiralförmige Wasserleitung** ein.
Falls du einen Teich hast: Setze **natürliche Strömungssteine**, um das Wasser lebendig zu halten.

Schritt 3: Bodenstruktur aufbauen

Nutze **sanfte Bodenbearbeitung** (z. B. eine Schauberger-Hacke oder minimalen Eingriff).

Falls dein Boden verdichtet ist: Arbeite mit **lockeren, lebendigen Bodenstrukturen** (Kompost, Wurzelbelüftung).

Schritt 4: Pflanzenwahl & Anordnung nach energetischen Prinzipien

Wähle Pflanzen, die sich gegenseitig unterstützen.

Setze **Spiralbeete oder runde Beetanordnungen** ein.

Kombiniere **trockene, mittlere & feuchte Pflanzenzonen**, um Wasser optimal zu nutzen.

Schritt 5: Energieverstärkung durch Kupfer & Frequenzen

Installiere eine **Lakhovski-Antenne oder Kupferringe an Bäumen & Beeten**.

Falls du möchtest: Arbeite mit **Quarzkristallen oder Frequenzgeräten**.

Falls du experimentierfreudig bist: Nutze **Musik oder Schwingungen (432 Hz, 528 Hz).**

Schritt 6: Magnetische & geometrische Struktur einbinden

Falls du ein **Magnetfeld-Experiment** machen möchtest: Teste kleine Magnetplatten im Boden. Setze eine **Pyramidenstruktur oder geomantische Muster** ein. Falls du mit Heiliger Geometrie arbeiten möchtest: Plane eine Blume **des Lebens-Muster** in deinen Garten ein.

Schritt 7: Langfristige Pflege & Beobachtung

Notiere deine Ergebnisse in einem **Gartentagebuch.** Dokumentiere Pflanzenwachstum, Widerstandsfähigkeit & Erträge. Teste verschiedene Methoden & verfeinere dein Konzept mit den Jahren.

Schritt 8: Teile dein Wissen & inspiriere andere!

Teile deine Erfahrungen mit anderen Gärtnern oder Freunden. Falls du bemerkst, dass dein Garten eine besondere Energie hat, lade andere ein, es selbst zu erleben!
Die Natur lebt von Wissen & Weitergabe – werde ein Teil davon!

→ **Ergebnis: Ein Garten, der nicht nur wächst, sondern eine Quelle der Energie, Harmonie & Fülle ist!**

---

3. Was passiert, wenn du diesen Plan umsetzt?
Wenn du dich nach diesen Prinzipien richtest, wirst du Folgendes bemerken:

Deine Pflanzen wachsen gesünder & kräftiger.

Du brauchst weniger Wasser, weil der Boden lebendig bleibt.
Deine Ernte wird schmackhafter & nährstoffreicher.
Schädlinge und Krankheiten treten seltener auf.
Der Garten wird zu einem Ort der Erholung & Energie für dich selbst.

Dein Garten wird sich mit der Natur verbinden - und du mit ihm.

---

4. Abschließende Gedanken: Der Garten als Zukunftsmodell
Lakhovski und Schauberger erkannten etwas, das wir in der modernen Welt oft vergessen haben:

Die Natur arbeitet in Kreisläufen, nicht in geraden Linien.
Alles Leben basiert auf harmonischen Schwingungen.
Wenn wir uns der Natur anpassen, können wir

gesündere, reichhaltigere Lebensräume erschaffen.

Dieses Wissen kann helfen, nicht nur unseren **eigenen Garten** zu verbessern – sondern es könnte auch Teil einer **nachhaltigen Landwirtschaft der Zukunft** sein.

Stell dir eine Welt vor, in der Gärten nicht nur Nahrung produzieren, sondern auch Energie und Heilung bieten.
Mit deinem Garten setzt du bereits heute einen Schritt in diese Richtung!

---

5. Dein nächster Schritt: Starte dein eigenes Experiment!
Nun ist der perfekte Moment, um dein eigenes Experiment zu beginnen.
Was kannst du jetzt tun?

Wähle eine Methode aus (z. B. Lakhovski-Antenne, Schauberger-Wasserwirbler, Spiralbeet).
Setze es um und beobachte, was passiert.
Lass die Natur ihre Magie entfalten!

Jeder große Wandel beginnt mit einem ersten kleinen Schritt.

Und dein Garten könnte ein Teil dieser neuen Welt sein.

Fazit: Dein Garten als lebendiges Experiment der Zukunft

Dieses Buch hat dir nicht nur Wissen vermittelt – es ist eine Einladung, **selbst zu experimentieren** und die Natur auf einer tieferen Ebene zu erleben.

Jede Pflanze, die du mit diesen Prinzipien anbaust, trägt zu einem größeren Wandel bei.

Jeder Tropfen belebtes Wasser stärkt das Ökosystem.

Jeder harmonisch angelegte Garten bringt mehr Balance in die Welt.

Dein Garten ist mehr als nur ein Stück Land – er ist ein lebendiges Energiefeld, das mit dir in Resonanz steht.

Vielen Dank, dass du diese Reise mit mir gemacht hast. Ich wünsche dir viel Erfolg & Freude mit deinem eigenen Energiegarten !

Mara

Nachwort

Nachwort

Am Ende dieses Buches hoffe ich, dass du nicht nur neue Erkenntnisse gewonnen hast, sondern auch eine tiefere Verbindung zur Natur und den unsichtbaren Kräften, die sie durchziehen, spürst. Die Lehren von **Georges Lakhovski** und **Viktor Schauberger** haben mir gezeigt, dass der Weg zur wahren Harmonie nicht nur in den Händen der Wissenschaft liegt, sondern auch im Einklang mit den natürlichen Rhythmen und Energien unseres Planeten.

Indem wir unsere Gärten und unser Umfeld in Einklang mit diesen Prinzipien gestalten, können wir nicht nur Pflanzen zum Erblühen bringen, sondern auch unser eigenes Leben mit neuer Energie füllen. Es geht darum, die alten Weisheiten zu bewahren und sie in unsere moderne Welt zu integrieren, um das Beste aus beiden Welten zu vereinen.

Ich hoffe, dass du die in diesem Buch vermittelten Ideen in deinem eigenen Leben anwenden kannst, um nicht nur deinen Garten zu transformieren, sondern auch mehr Vitalität und Balance in deinen Alltag zu bringen. Möge es dir gelingen, in der **Harmonie von Natur und Technologie** eine neue Lebensweise zu finden, die dir sowohl Erfüllung als auch Freude bringt.

Die Natur hat immer einen Weg, uns zu führen – es liegt an uns, diesen zu erkennen und in Einklang mit ihr zu leben.

Ich danke dir, dass du auf diese Reise mit mir gegangen bist. Möge dein Garten, dein Leben und dein Weg genauso lebendig und kraftvoll sein wie die Energien, die uns umgeben.

Mara von Eichen

Danksagung

Danksagung

Ich möchte diesem Buch meine tiefste Wertschätzung und Dankbarkeit widmen – **vor allem den Visionären Georges Lakhovski und Viktor Schauberger**, deren außergewöhnliche Arbeit mich inspiriert hat, einen neuen Blick auf die Kräfte der Natur und der Energie zu werfen. Ihre Erkenntnisse sind der Schlüssel zu diesem Werk, und es ist mir eine Ehre, ihre Lehren weiterzutragen.

Dankbar bin ich auch für die **Leser, die diesen Weg mit mir gehen**. Euer Interesse und eure Unterstützung geben mir die Energie, weiter zu forschen, zu schreiben und zu lernen. Ihr seid die, die das Wissen leben und weiterverbreiten, und dafür danke ich euch von Herzen.

Ich danke auch allen **unbekannten Weggefährten**, die durch ihre Gedanken, ihre Werke und ihre Inspirationen zu diesem Projekt beigetragen haben – selbst auf unbewusste Weise. Jede Erfahrung, jede Entdeckung und jeder Schritt auf diesem Weg hat dazu beigetragen, dieses Buch zu dem zu machen, was es heute ist.

Mara von Eichen